TODO MI SILENCIO ESTÁ EN LLAMAS

Pedro José García Gambín

COLECCIÓN ITES

TODO MI SILENCIO ESTÁ EN LLAMAS

© Pedro José García Gambín
© Diseño de portada: Magdala
© de esta edición: Olé Libros, 2025

ISBN: 979-13-87620-05-9
Depósito legal: V-633-2025
Impreso en España

KALOSINI, S. L.
Grupo editorial olélibros
equipo@olelibros.com
www.olelibros.com

Trataré, como ellas
de ser mi propio silencio:
y eso es difícil. El mundo entero
se incendia secretamente. Las piedras
arden, incluso las piedras me queman.
¿Cómo puede un hombre estar quieto o
siquiera escuchar a todas las cosas ardiendo?
¿Cómo se atreve a sentarse con ellas,
cuando todo su silencio está en llamas?

THOMAS MERTON

Origen

No es difícil atravesar un desierto.
Solo hace falta tiempo y silencio.

Dejar estar.
Dar gracias
y caminar.

ÁNGEL

He visto un ángel en la tarde,
una presencia transparente
abalanzándose sobre mi cuerpo,
todo mirada.

Un inmenso vacío del que formo parte
impone su contundencia
en la solidez del espacio.
Dentro de mí, todo. Fuera,
huracán de nubes y ramas,
repentino y extático,
completamente.

Me detengo en sus alas.
Aquí, allí... Aurora, pozo,
ventana o verbo.
Al otro lado, mi sombra
sentada frente al jardín,
nutriéndose en el silencio.

Todo.
Nada.
Instante.

He visto un ángel en la tarde.

Frontera azul

(Inspirado en el film homónimo de Jorge Carmona y Tito Köster)

¿Por qué tanta belleza,
y por qué surge el miedo
ante el riesgo de perderlo todo?

Quizá la vida no sea
más que un sueño
del que no sabemos despertar.

Nuestro verdadero rostro
                    no se refleja en ningún espejo.

¿Alguna vez has escuchado las palabras de un ángel?
¿Entendiste su significado?
¿Alguna vez has escuchado el silencio?
¿Sabes lo que hay dentro?
¿Has llamado a su puerta?
¿Has hablado con un muerto?
¿Le has preguntado cómo sabía
                    que estaba muerto?

No te escondas de la vida en la muerte.
No te escondas de la muerte en la vida.
Ambas carecen de límite.

Escucha tus deseos.
Escucha tus miedos.
El mar se parece
          a la palabra tiempo.

La nieve se parece
a la nieve
y, sobre ella,
he visto crecer orquídeas.

Se dice que los inuit
tienen decenas de formas
de decir nieve.
Me pregunto qué palabra usarían
para describir
las flores que yo he visto.

Hay animales que cantan sin abrir la boca.

¿Recuerdas la primera vez que lloraste?

¿Alguna vez has dejado de poner orden a tus pensamientos?

¿Alguna vez has dejado que todo suceda?

¿Alguna vez, confiesa, has sentido que cruzabas un puente?

Entonces, mírame a los ojos y calla, cuenta...

Quémalo todo
y construye un nuevo reino.

SALMO

...Aire, dijo el jazmín.
Agua, contestó la tarde.
Luz, callaron uno
a uno los instantes...

Que no se detenga la danza.
Los ojos me llevan
y quiero avanzar
a través de la quietud.

Enmudezco como la tierra húmeda
para dejar que el poema se escriba.

LAUDES

Aire.
Luz.
¿Qué más?
Silencio.
¿Y dentro?
Todo.

Maitines

Nubes en la mañana.
Ellas lo saben,
conocen el secreto.
Escucha:
en su silencio,
las palabras se desdibujan,
desaparecen.
En su continuo mutar, leo
la única respuesta.

VALS PARA LA NIEVE AUSENTE

Doy vueltas alrededor de un pozo.
Espiral. Febrero.
Los almendros creen que es el momento de florecer.
Nadie les ha dicho nada.
Nadie les ha contado nunca
cómo el rubor de la tarde se agrieta por las esquinas.

Las cosas cambian,
el color de la noche,
el espejo del invierno.
El silencio de los árboles
es nuestro propio silencio.

Febrero. El ángel despertó
un hilo sonoro.
Su luz invisible teje mi tiempo.
Doy vueltas en espiral
alrededor de un pozo.

Acudo a la noche
que me contempla abrir
las aguas secretas,
caminar convirtiendo
las piedras en verdades,
escuchar,
resbalando en mi ventana,
el sonido de la nieve.

Así de fácil

Hemos olvidado el origen de nuestro verdadero nombre,
la libertad que perdimos al nacer.
La callada luz de la tarde
ofrece una sola respuesta.
Palabras que se desvanecen
dando paso a un vacío
donde un ángel quiere hablarme,
mas no recuerdo su idioma.

Comienzan a florecer los bulbos
desde su paciencia. En la pared, una sombra
me despierta del sueño.
Sanar es un acto rebelde.
Hemos aprendido a convivir con las heridas.
Hay que tener valor y dolor para mirar adentro,
atravesar el fuego con las manos abiertas,
desandar la nostalgia, soltar todo lastre,
llegar a ser aquello que somos.
Así de fácil, regresar al olvido.

Mujer

Árbol inmenso,
sus ramas respiran
cubiertas por el barniz
de la aurora.

Mujer que contemplas
el horizonte
con los ojos cerrados.

Hay un incendio
dentro de ti.

Sofía Gubaidulina

El chelo no sabe mentir,
por eso, en vez de buscar una respuesta,
merodea a la intemperie de una duda.

La orquesta atraviesa el bosque de un otoño oxidado
y encuentra en su centro una luz,
borde, límite, pausa, espera,
inquieto silencio con forma de arroyo.

Los ojos cerrados.
El animal se estira.
El arco dibuja un árbol en invierno.
Desnudo, el paisaje avanza y se desvanece,
impermanente, abierto.

Ahora los violines como pájaros
atraviesan la galaxia.
Libres del miedo a explorar,
los astros descifran su danza
y en su giro, la luna y los días
tejen su fábula.

La paz vuelve a la tierra,
el fuego a las estrellas.
Los elementos chocan, vibran.

Larvas, brotes, agua
escribiendo su canto.

Así hablan timbal, arpa,
carillón, piano,
brillo, sauce.
Mensajes con forma de secreto
tatuados en la piel.
Pero el animal se mueve
y los instrumentos quieren
sujetar el paisaje,
que avanza y se desvanece
abierto, impermanente.

Nocturno

La noche abre su canto.
En la quietud de lo oscuro
habla el silencio.
Trae la mirada neutra,
pero el ansia del azahar,
el rubor de una sonrisa
o el lenguaje de un jazmín
que no sabe guardar secretos.

La noche nace dentro.
Es un espejo.
En su abrazo
no hay muro,
no hay bruma,
no hay tiempo.

Si la escuchas, sana.
Si la observas, vuela.
Si la recibes, cállalo,
permanece sereno.

Puede que esto ya esté escrito
con otras palabras e idiomas cientos.
Recordemos que no son
las únicas hijas del verbo.
Verbo que se hace aliento,
se hace carne, mirada, viento,
para regresar después,
adentro, muy adentro,
donde volverá a nacer
su interminable aleteo.

Y luego está la lluvia.
También la lluvia es silencio.

También la casa.
También el cuerpo.
Los ojos que te miran.
La boca que da un beso.
El apio, la cocina,
el mercado, la mañana,
una espera y un piano,
lo que callo
cuando pienso,
cuando callas,
lo que veo.
Todo cuanto sucede,
cuanto arde bajo el sol
que llora y en cada lágrima
está regalando un cuento.
Nos ofrece un ojo
para penetrar un hueco,
para encender una lámpara
y caminar despacio,
atravesar desiertos,
aprender a dormir
y recordar los sueños.

Por eso hay canciones en las piedras
y luz en los cementerios,
verdades, tinieblas y jardines
que tan solo florecen en invierno.

Porque después del verano
se vuelve a encender el fuego
y debemos avivarlo,
darle amor y amanecer
cada aurora. Vivir
para nacer. Atentos.
Aquí, ahora.
Brillar
dentro del silencio.

ÁNGEL QUEDO

No he visto su luz,
está callado,
pero siento su tibieza
protegiéndome del ruido.

Mudo, entre tanto ajetreo
me detengo: cuerpo,
espacio, dentro.

Hay un comienzo
en el aire. Apago
mi voz y me uno a su vuelo.

No

No un nombre.
No un verbo.
Acaso un río,
dolor, instante.

No principio.
No final.
Tan sencillo.
No hay tiempo.

Dejar de ser
para volver a ser.

Sin número.
No palabra no.
No ahora.
No lees
cuerpo, boca, espalda,
estómago, alas,
pasos, huesos,
No
pensamiento.

Cuando llegues sin ti,
como la víbora
huele el miedo,
verás con otros ojos,
leerás en otro idioma,
olvidarás metáforas,
versículos y cuentos.

No existirán banderas,
imágenes o templos
pues tu un único camino,
será el del propio silencio.

KYRIE

La luna se esconde en la fronda.
El fuego susurra. La noche,
una vez más, abre su canto.
Me observo en sus aguas.

Kyrie eleison:
lo único real
donde poder aferrarse.

Christe eleison:
yo soy
espejo del abismo.

Kyrie
      yo

                                   quien mira—
                                     eleison,

desde el fondo de sus ojos.

CHRISTE

Sin principio
ni final.
Dejar de ser.
Dejarse
ser.
Volver
al ser.
Nada en la nada.
Sin final
ni principio.

Kyrie eleison.
Christe — Canto
(Silencio)
eleison. Kyrie,

espejo en el espejo.
Kyrie,
Kyrie,
Kyrie eleison.

VÍSPERAS

Voy donde nada veo.
Callo donde nada escucho.
Apago las luces.
Camino a ciegas,
porque, como Él,
amo la oscuridad.

NADIE RECUERDE

Nadie recuerde,
cuando yo muera,
mi nombre, mi causa.
Hasta mi leve obra
perezca antes, incluso,
que eso ocurra.
Dejadme ser libre
en mi partida.
Quemad mis fotos.
Olvidad mis gestos.
Borrad mis palabras.
Permitidme volver al silencio.

Yo, eso
que, poco a poco,
voy dejando de ser,
debe acabar
para volver
completo y libre
como las hojas muertas,
que al viento ofrecen
sus últimos restos,
cenizas que vuelan
hacia la nada.

PEREGRINO

Tu caminar se abra
como flor en la mañana,
recibiendo el rocío
que la aurora deja tras de sí.

AMO

Como el rumor del río
a las hojas que buscan
su reflejo en el agua,
como el eco a las cumbres
donde anida el águila.
Amor cual corriente,
punto fijo sin detener.

Como la luz a un canto dormido en el lecho.
Como el agua a la luz.
Como lluvia o dolor.
Como si nada. Como si todo.

Amo
como el deseo al deseo
para poder seguir ardiendo.

FLOR DEL HABA

Cuando la flor del haba muestre
sus lunares negros al sol,
sobrevendrá el silencio,
envolverá los ojos,
calentará las manos,
abrirá ventanas en el aire
y el día y nuestra piel hablarán en un idioma nuevo,
conocido solamente por aquellos
que alguna vez han callado.

Claro que sí,
a mí también me duele la tarde,
su color despidiéndose del mundo
como la muerte de la vida,
y la vida de la muerte.
Y me entran ganas de cantar
sobre el jardín, junto al cementerio.
Por eso a veces tiemblo
cuando un nuevo brote me mira
lloroso, suspirando,
y en su aleteo el día comienza completo.

La tierra está viva,
aún brilla en sus ojos una promesa,
escucha, escucha...
No dejes que el viento y la ira
detengan la voz que mana de ti.

Vendrán días más lentos
y el cansancio dormirá en nuestros huesos,
mientras en el huerto,
la flor del haba
compartirá con el mundo su silencio.

Heridas

Los poemas son cristales rotos.
No los quieras tocar con los dedos
o tu sangre
        brotará de sus aristas.

CREPÚSCULO

Apenas queda luz
y enciende el horizonte
su última blancura.
Las últimas aves
se apagan con la tarde.
La palabra
        que vive en mis palabras
ya no alcanza para abrazar el mundo.
                        Miro las flores
        cerrarse hacia dentro.
La noche aguarda.
Mientras, ¡tanto...!
Nada más.

Heme aquí

Dentro de la piel,
escondo una noche.

Heme aquí,
presencia que aguarda extinguirse
para volver a su centro.
El ascender de una llama.
Un olvidarse.
Un hacia dónde.

Heme aquí,
perdido
de realidad,
mudo,
buscando ecos.

Una verdad:
no te miento.

Espero.
Heme solo.

Desapareciendo
abocado al mundo,
rompiendo la cáscara,
vacío,
    hueco,
             seguro.
Heme aquí.
Dentro de la piel,
oigo acercarse la aurora.

COMPLETAS

La noche es un pájaro.
Su canto tiene el poder de desnudarte.
Las terrazas son silencio,
donde llega la ciudad desde sus luces.

Bajo su aleteo habla el jazmín.
La quietud, esquiva
a pesar de esta hora,
se esconde de mis ojos.

Un murmullo
dentro de mi cuerpo
me aleja de mí.
Fuera,
otro murmullo,
me recuerda que no soy
jazmín, arroyo,
quietud ni aleteo.
Y que, precisamente, por eso,
arroyo soy,
jazmín y silencio.

MEMORIAS

El rosal florece
pronunciando un nombre
que no puedo recordar.
La tarde es un bálsamo.
Agujero en el tiempo.
No encuentro palabras
que no busco. Me limito
a constatar
la vida toda.
   ¿Preguntar?
   ¿A quién?
   Agujero en el tiempo.
Escucha.
Todo está dicho.
El rosal florece.

ABRIL

Olvida esta lluvia.
Olvida este olor
y la calma que deja en tu cuerpo.
Cuando las nubes vacías
siembren el suelo de espejos,
con otra luz distinta,
olvidarás, también,
el sol que las despeja.

CONSTELACIONES

Los astros convocan
sin lengua ni canto.

Solo silencio
y una noche que arde,
solo un impulso
que abre puertas y fugaz,
retira su legado caliente
de luz tatuado en las sombras.

Con la mano vacante
y el pecho descubierto,
permanezco
como un libro cerrado.

COSECHA

Hundo mis manos en el barro
para sembrar desde el origen.
Sempiterna voz vacía
del viento que ofrece
en silencio
su única respuesta.

MADRE

Madre que me pariste
para reparar,
volar alto, volar bajo,
y en toda dirección
posible e imposible.
Para penetrar
la hierba, la flor
y el poema del poeta de la tierra.
Porque yo no nací,
madre de todas las madres,
ya estaba vivo de antes,
desde dónde y hacia dónde,
y fue tanta esa fuerza vital
que me encarné en un cuerpo.
Madre de la tierra,
que antes de ser madre
y esposa, mujer,
eras ya vida
abierta al mundo.
Benditos sean por siempre
de tu vientre los frutos.
Permite viajar
de una naturaleza
a otra naturaleza.

Aurora para que el mundo
crezca y expanda eso
que eres tú y soy yo,
y fuimos y seremos.
Nacimiento continuo.

Madre hembra de los bosques,
la brizna y el gorrión
que detiene su vuelo
en la música del sol
que nos habita. Madre
libertad. Madre para
devolver al mundo
la paz primigenia.

Siempre a la luz
desde la luz.
Siempre al amor
desde el amor.

Un dios, un lugar

Calma de mar en el aire. Sol. Tierra de luz.
Una línea musical curva el horizonte,
tras los arbustos nos mira un tejón.
Cañadas húmedas rocosas
donde la tarde se abre, se abre
ocaso blanco. Camachuelo y cormorán.
Calor y polvo. Golpe de aguas.
Negro espejo. Fuego
de arena. Verde de sal.
Azul de cala espuma.
Espinos. Nubes de serenidad.

No es hora para dormir.
No es hora para pensar.
No es hora, es espacio,
epitafio, reflejo y perfección,
tiempo y lugar. Oración.
Así como el amor habita en todas las cosas,
tu rostro y tu sonoridad
habitan, hoy, mi silencio en el silencio de este mar.

PLENILUNIO

Cuando la luna hable con esas palabras que todos conocemos,
esas que guardamos en secreto,
en lo más hondo para que nadie las toque.
Nunca las pronunciamos y, sin embargo,
su significado es de todos conocido.
Cuando esa noche llegue
y se extienda lentamente sobre nuestras cabezas,
nuestros cuerpos, nuestra lengua
y todos nuestros órganos,
se vestirá la tierra de una alegría inmensa,
danzarán las mareas,
crecerá el muérdago en el bosque
y las manos de las mujeres
y de los hombres
se mirarán entre ellas como ojos
palpitando bajo la blanca boca.
Cuando las palabras lluevan sobre los campos
esparciendo secretos a raudales,
el mismo secreto que todos callamos
reirá furioso en las gotas,
volando por el mundo libre,
abierto, gritado a voces
sobre la tierra recién sembrada
de pálida esperanza.

Porque todo lo importante ocurrirá de noche,
cuando la luz de la aurora limpie
la ignorancia del tiempo
y el polvo de tantos libros malgastados.

Porque, a pesar del resplandor
y de los ruidos,
ella permanecerá
única, completa,
volviéndonos transparentes.

Por eso enciendo un silencio
a cada instante,
para que cuando llegue sepa que la estoy esperando,
tenga una canción donde reflejarse,
un acorde húmedo, y encuentre un vacío
donde posar su verdad.
Llegará, lo sé y sé
que tú también lo sabes.
Llegará cuando hayamos aprendido
a callar y entonces,
y solamente entonces,
ascenderemos con ella
al reino de la oscuridad.

AHORA LA VIDA

Pero no la lluvia amable, la esperada humedad
frescor de paciencia, calma.
Pero no los pájaros, su presencia vistiendo en la tarde
aquella danza de adioses y primavera.
Pero no el amor, el amor tampoco.
Ni la respiración que envuelve
el secreto de la montaña.
Pero no, pero no, pero no.

Mientras tanto, esperar,
como arena en el desierto,
con las palmas unidas
hacia la luz.
No los añejos cantos, ni las emboscadas
de la sublime sabiduría
mientras la voz del tiempo
sigue susurrando, a nuestras espaldas,
—susurra y susurra—
la luz, la indivisible, la verdadera estancia.

Hasta cuándo la impaciencia.
Nunca los ojos que auscultan
las miradas que ya no miran
las palabras que tocan,
las puertas que callan
y otra vez, otra vez, las palabras
cubiertas de libertad, agridulces, sonoras.

Quisiera tener una voz infalible
para trenzar con ella una noche
de jazmín y romero, volcar
su canción sobre el cuerpo y la tierra,
ser su grito, lento como la nieve o los sauces
cuando lloran, pero no.

Ahora la vida, indeleble,
se demora en su fragilidad,
completamente,
sin fecha, sin tacha.
Ahora la vida, no la ausencia, ni la tragedia,
no la guerra, ni el fruto de agosto,
pero no, no ahora, ahora la vida.
Ahora la vida, ahora la vida.

QUEDA DICHO

Esperemos que las luciérnagas vuelvan a mostrarnos
el sendero hacia los claros del bosque
y mientras tanto,
tanto: ¡tanto!
Mientras todo,
todo: ¡todo!

Huiré tras el eco de aquel ángel
que tiñe la mañana de calladas incertidumbres,
la rapsodia interminable de la posibilidad.
Música. Acontecer. Destino.
Última respuesta.
Arder
junto al silencio.
Siempre ascender
hacia la transparencia.

ÍNDICE